MACPHERSON

MAGAZINE chefs

RECETA ARROZ CON TOFU AL ESTILO THAI

Romualdo Abellán

UN LIBRO MACPHERSON MAGAZINE

https://macphersonmagazineeditorial.com

Título original: Macpherson Magazine Chef's - Receta Arroz con tofu al estilo thai

Receta de: Romualdo Abellán

MACPHERSON MAGAZINE

DISEÑO Macpherson Magazine   DIRECTOR ARTÍSTICO Macpherson
Magazine
JEFE EDITORIAL Macpherson Magazine DIRECTOR EDITORIAL Javier Rodríguez
Macpherson

CONTROL DE PRODUCCIÓN
Macpherson Magazine

MACPHERSON MAGAZINE

EDITOR ARTÍSTICO Macpherson Magazine
EDITOR EJECUTIVO Macpherson Magazine

Publicado originalmente en España en 2019 y revisado en 2019.
Esta edición: publicada en 2019 por
Macpherson Magazine, Barcelona

www.macphersonmagazineeditorial.com

Arroz con tofu al estilo thai, receta sencilla y equilibrada

Aprende cómo preparar este deliciosísimo arroz con tofu al estilo thai, una receta muy fácil y equilibrada que a ti también te va a conquistar.

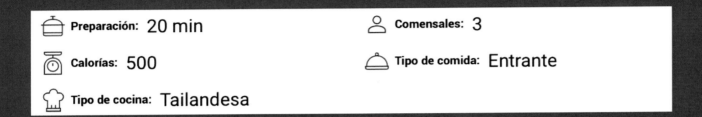

Preparación: 20 min	Comensales: 3
Calorías: 500	Tipo de comida: Entrante
Tipo de cocina: Tailandesa	

Llevábamos tiempo queriendo preparar cocina asiática. En esta receta, nos hemos inspirado en el estilo *thai*, y hemos empleado arroz, tofu y camarones como pilares sobre los que trabajar. El resultado es un delicioso plato, acompañado con brócoli, guisantes y cebolla. Bajo en grasas, divertido de cocinar, ultrasencillo. No te compliques pidiendo en un restaurante: te enseñamos cómo preparar arroz con tofu al estilo thai.

Ingredientes

- Camarón boreal, 200 g
- Tofu, 140 g aprox. (la mitad de un paquete de 275 g escurrido)
- Arroz, 125 g (ya cocido)
- Guisantes, 100 g
- Brócoli, 100 g
- Mantequilla, 30 g
- Cacahuetes, 10 g
- Dientes de ajo, 3
- Cebolla morada, 1
- Guindilla, 1
- Salsa de soja, 2 cucharadas
- Pimentón dulce, 1 cucharadita
- Jengibre en polvo, 1 cucharadita
- Tomate concentrado, 1 cucharadita
- Pimentón choricero, 1 cucharadita
- Jugo de una lima
- Cilantro picado, al gusto
- Popurrí de pimientas, al gusto

1: Sofrito de todos los ingredientes

Esta receta os va a encantar: solo tenéis que cocinar todo en una misma sartén profunda, como lo es un *wok*. Empecemos:

Echamos en el *wok* un chorrito de aceite de oliva. En cuanto coja temperatura, vamos añadiendo todos los ingredientes de nuestra lista: el ajo, la cebolla, la guindilla, los guisantes y el brócoli. Entre ingrediente e ingrediente, ya sabéis cómo se narra esta historia: removiendo bien. Queremos que todo se dore.

Ingredientes coloreados, entrada en acción del tofu. Al ser como un requesón —literalmente, es agua, coagulante y semillas de soja—, nos interesa impregnarlo bien de los sabores vecinales y sobre todo nos cunde añadir a continuación el condimento y las salsas. Por eso, nada más vertemos el tofu le añadimos el tomate concentrado, la carne del pimentón choricero, la salsa de soja, el jengibre en polvo y el pimentón dulce. Removemos y salteamos todo bien. Teñimos todos los ingredientes con esa contrastada tinta que se forma. Colores y aromas que le roban a uno los sentidos.

Cuando el tofu haya absorbido bien las salsas y las especias, agregamos el arroz ya hervido. Nosotros hemos usado una variedad de basmati que teníamos a mano. Si tenéis ocasión, como es lógico, os recomendamos cualquier variedad estilo *thai* que ya abundan en la mayoría de supermercados.

Una vez removemos bien el arroz y el contenido del *wok* cobra el aspecto jugoso y oscuro que tenemos en las fotografías, es hora de servir.

2: Servir

Del *wok* al plato, sin quimeras ni debates de ningún tipo. Os dijimos que era fácil.

Si queréis, podéis añadir cacahuetes en trozos o espolvoreados por encima, además de cilantro fresco picado. Coronamos la guarnición con jugo de lima. No podemos perder más tiempo: hora de comer esta delicia.

Notas

Podéis sustituir los camarones por gambas, gambones o langostinos. Nosotros teníamos a mano los primeros, no hay ninguna razón metafísica detrás. De hecho, esta receta acostumbra a encontrarse con gambas. La carne es parecida y el procedimiento para cocinarlo va a ser el mismo. Si queréis que el plato sea completamente vegano, os recomendamos sustituir los crustáceos por seitán previamente marinado.

En el caso de los condimentos, la cocina tailandesa es igual de rica en especias y sabores fuertes como, por ejemplo, la gastronomia india. Predoniman la cúrcuma, la pulpa de tamarino —con la que hacen salsas agridulces—, la galanga —tubérculo muy parecido al jengibre—, la guindilla, el cilantro, la salsa de pescado, las salsas de curry local, etc. Son sabores muy intensos no aptos para todos los paladares, muy entregados en despertar aromas vivos y notas picantes.

¿Cocina tailandesa en el imaginario común? Seguro que conocéis los tallarines de arroz llamados Pad thai, el arroz frito tailandés o el curry al estilo Massaman. Las sopas tailandesas también se han globalizado, con su líder Tom yum, una sopa caliente con gambas y picante. Son platos muy cuidados en cuanto al color, el aroma y la conjugación de muchos ingredientes distintos que parecen caóticos, armonizados luego en una sola guarnición.

Nosotros hemos empleado condimentos similares que podemos encontrar en cualquier supermercado español, además de no abusar del picante, a riesgo de divorcio permanente con el aparato digestivo. La idea es que podáis cocinar un plato al estilo tailandés de manera fácil, sin obcecarse por la intocable pureza de los platos, y sobre todo que lo ajustéis a vuestra tolerancia al picante.

Solo un consejo más: cuidado con el picante. No queráis despertar el demonio de los sobres para indigestiones.

E. Clemente
Directo al Paladar

La Editorial Macpherson Magazine trae un nuevo libro, pero esta vez un libro de recetas o guía. Para poder hacer Arroz con tofu al estilo thai, se mostrara paso a paso y con fotografías. Macpherson Magazine a partir de ahora, lanzará un libro de recetas de cada comida.

Lightning Source UK Ltd.
Milton Keynes UK
UKRC020920081019
351188UK00009B/107